PIANO • VOCAL • GUITAR

BLAKE SHELTON
GREATEST HITS

ISBN 978-1-4768-1203-8

HAL•LEONARD®
CORPORATION
7777 W. Bluemound Rd. P.O. Box 13819 Milwaukee, WI 53213

Visit Hal Leonard Online at
www.halleonard.com

CONTENTS

ALL ABOUT TONIGHT

Words and Music by RHETT AKINS,
DALLAS DAVIDSON and BEN HAYSLIP

Moderately fast

Don't both-er tell-in' me what
Hey, pret-ty thing, ___ I've been

I got com-in' in the morn-in'. I al-read-y know. ___
look-in' at you since the mo-ment that you walked ___ in. ___

I got some feel-good pills ___ and a red ___
I've got some wild-ass bud-dies that love ___

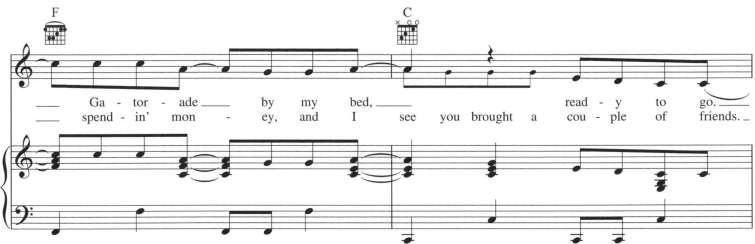

Ga - tor - ade ___ by my bed, ___ read - y to go. ___
spend - in' mon - ey, and I see you brought a cou - ple of friends. __

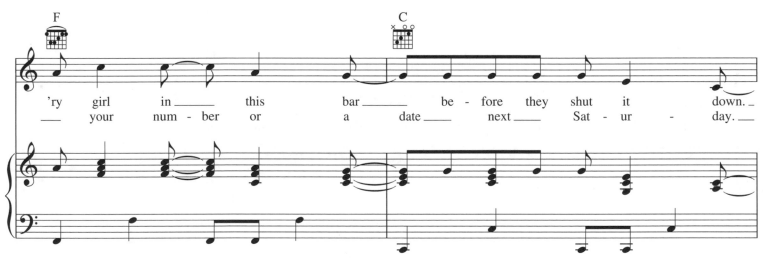

I'm gon - na do my best to dance with ev -
Just ___ do tell me your name. I don't need ___

'ry girl in ___ this bar ___ be - fore they shut it down. __
your num - ber or a date ___ next ___ Sat - ur - day. ___

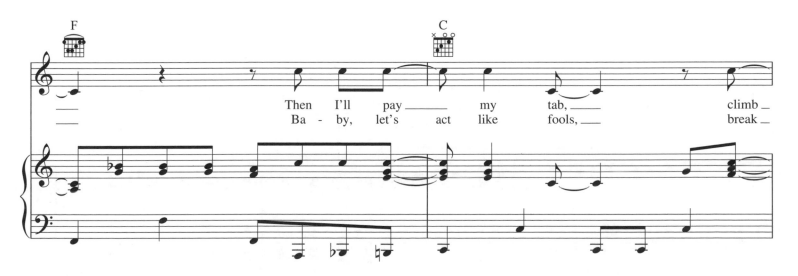

Then I'll pay ___ my tab, ___ climb__
Ba - by, let's act like fools, ___ break __

in a cab, ___ hit an - oth - er spot ___ down - town. ___
a few rules, ___ par - ty the night ___ a - way. ___

It's all a - bout to - night: good times ___ and the mu - sic and laugh-

- in' and groov - in' to the band. ___ Ev - 'ry - bod - y's get - tin' right. No wor-

- ries; we're rock - in', all kinds ___ of con - coc - tions in our hands. ___ Yeah, to-

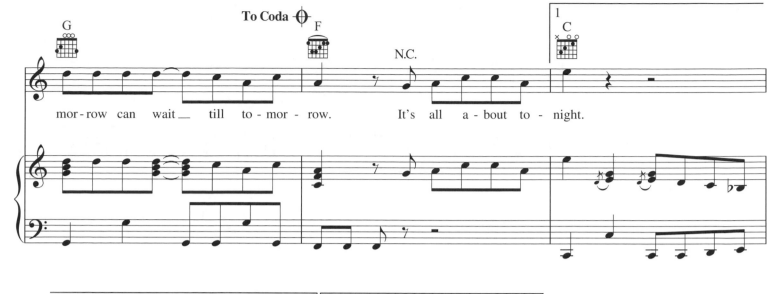

mor - row can wait __ till to - mor - row. It's all a - bout to - night.

night.

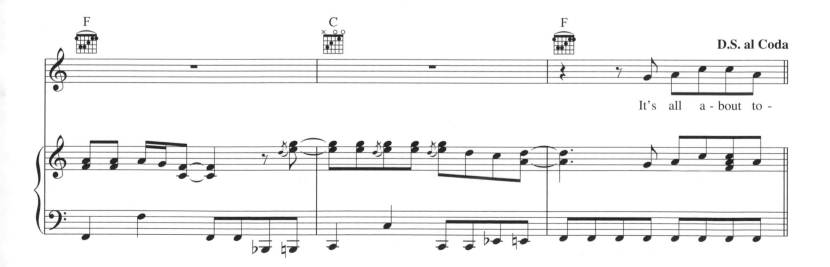

It's all a - bout to -

row. I said to-mor-row can wait_ till to-mor - row. It's all a-bout to-

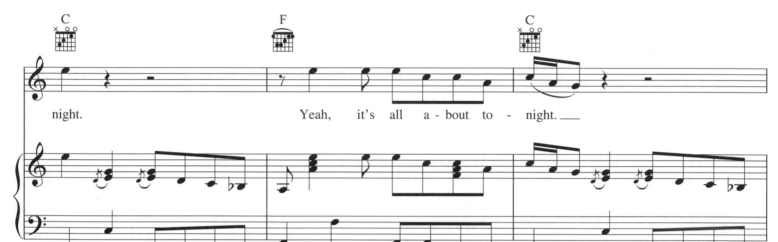

night. Yeah, it's all a-bout to - night. _

Repeat and Fade

It's all a-bout to - night.

Optional Ending

It's all a-bout to - night.

ALL OVER ME

Words and Music by BLAKE SHELTON,
EARL THOMAS CONLEY and MIKE PYLE

In a crowd _____ I used to pull a - way ___

___ when she ___ would kiss ___ my face ___ and touch my hair; _____ she ___

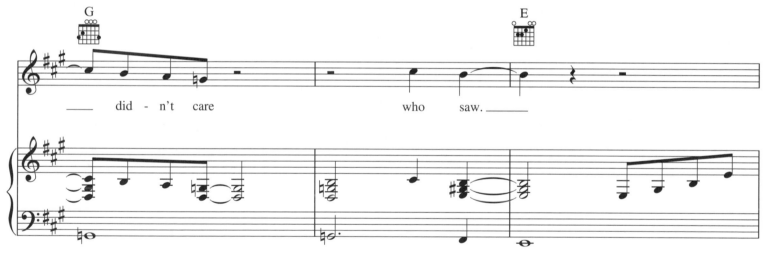

___ did - n't care who saw. _____

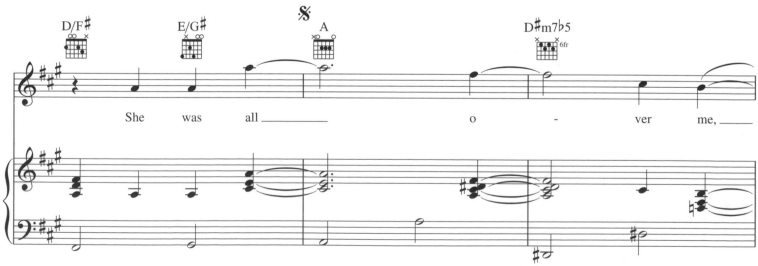

She was all _____ o - ver me, _____

The

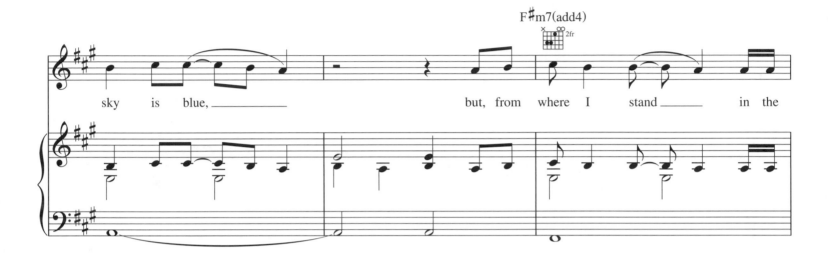

sky is blue, _____ but, from where I stand _____ in the

F#m7(add4)

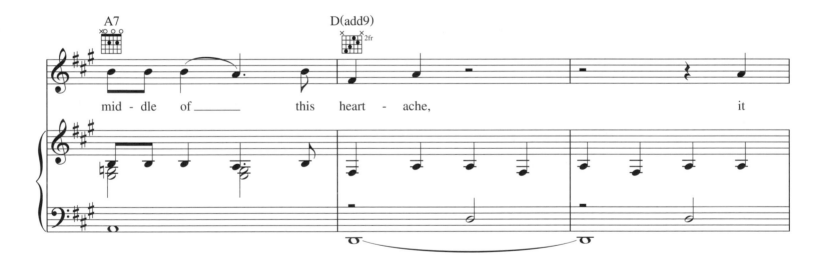

A7   D(add9)

mid - dle of _____ this heart - ache,   it

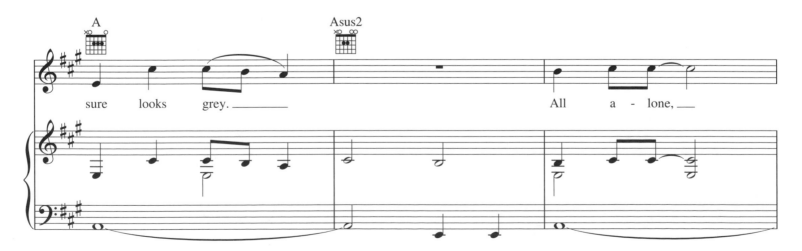

A   Asus2

sure looks grey. _____ All a - lone, ___

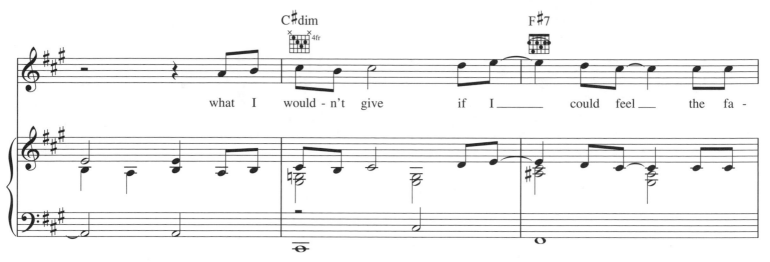

what I would-n't give if I _____ could feel _____ the fa-

mil - iar touch _____ of her love _____ hold - in' me _____

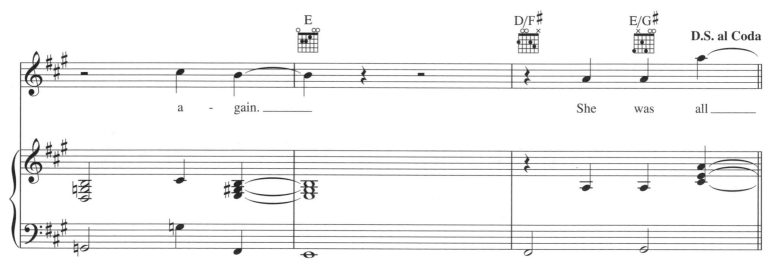

a - gain. _____ She was all _____

D.S. al Coda

CODA

me.

She was all _____ o-

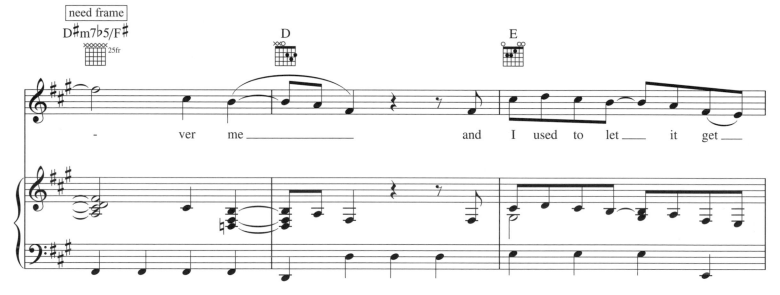

-ver me _____ and I used to let ___ it get ___

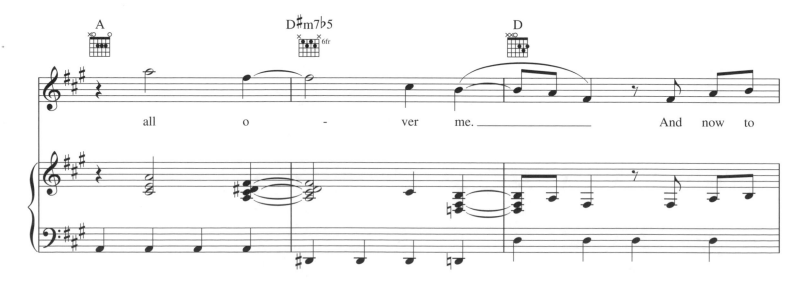

all o-ver me. _____ And now to

prove that I love ___ her, I'd crawl on my knees ___ for the whole ___

_____ world to see _____ now that she's all ___

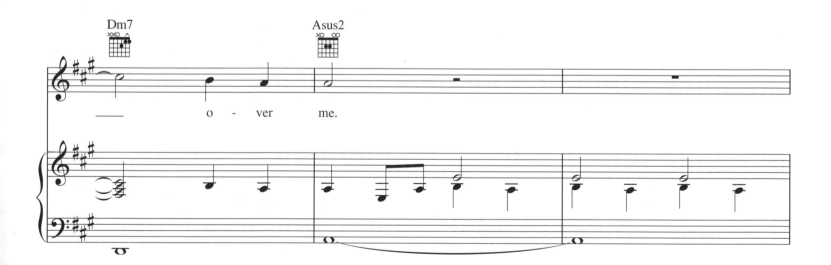

___ o - ver me.

DON'T MAKE ME

Words and Music by MARLA CANNON-GOODMAN,
DEANNA BRYANT and DAVE BERG

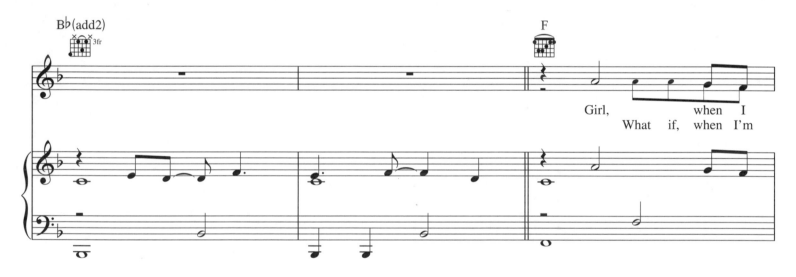

Girl,   when I
What if,   when I'm

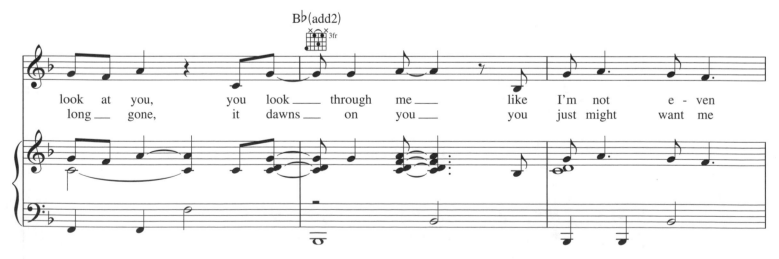

look at you,   you look ___ through me ___ like I'm not e - ven
long ___ gone,   it dawns ___ on you ___ you just might want me

there. I'm try- in' not to give up, to be strong, but I'm a-
back. Let me make my- self clear: if I leave here, it's

fraid to say __ I'm scared. __ I can't find the place __ your
done, I'm gone, __ that's that. __ You car - ry my love __ a - round __ like it's a

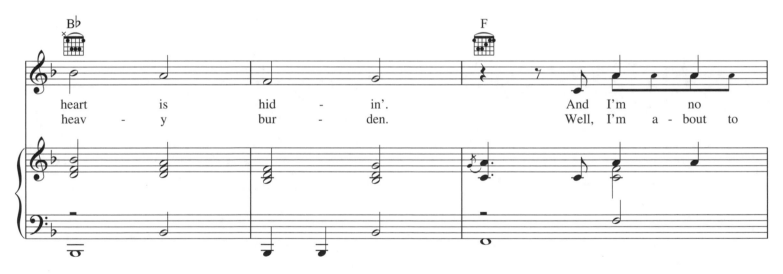

heart is hid - in'. And I'm no
heav - y bur - den. Well, I'm a - bout to

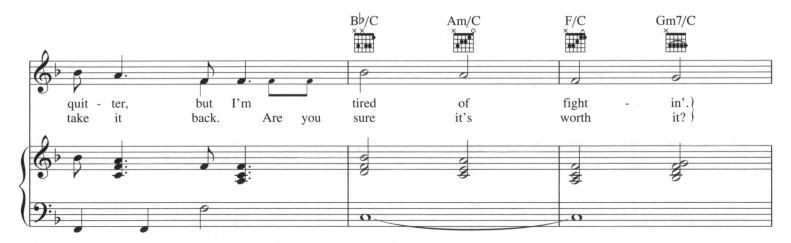

quit - ter, but I'm tired of fight - in'.)
take it back. Are you sure it's worth it?)

Ba - by, I love _ you, _ don't wan - na lose _ you, _ don't make me let you go.

Took such a long _ time _ for me to find you.

Don't make me let you go. Ba - by, I'm beg -

- gin' please, _ and I'm down _ here on _ my knees.

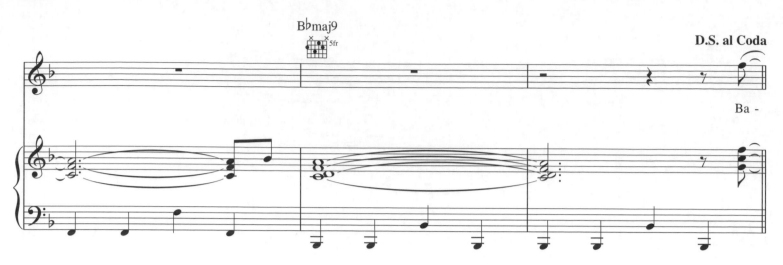

D.S. al Coda

Ba -

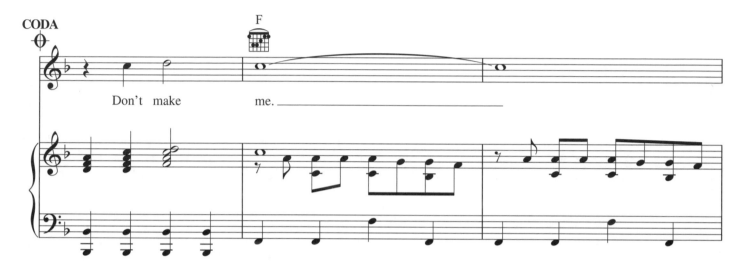

CODA

Don't make me.

Don't make me

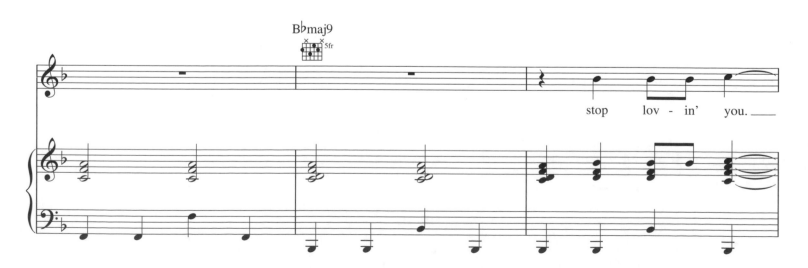

stop lov - in' you.

(Don't make me) _____

stop need - in' you. _____

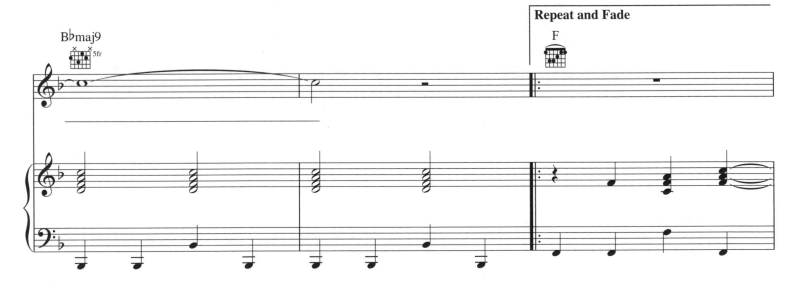

Repeat and Fade

Optional Ending

DRINK ON IT

Words and Music by JESSI ALEXANDER,
JON RANDALL and RODNEY CLAWSON

now, girl, we just need to drink on it. ___

drink on it. ___

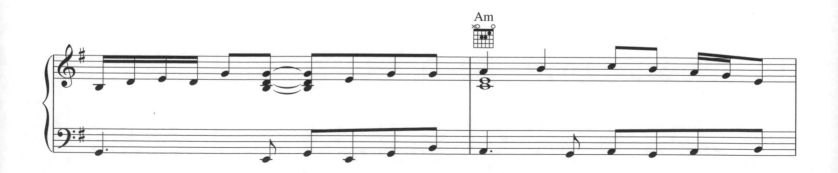

D.S. al Coda

Feels like we're do - in' some-thin' right. Let's find a cor - ner of the night where you and I can just

CODA

drink on it. ___   Might make a mem'ry that we won't for - get. ___

1. So, let's _ just
2.-4. *Vocal ad lib.*

1–3

drink on it. ___

4

GOODBYE TIME

Words and Music by JAMES DEAN HICKS
and ROGER MURRAH

D — G(add2) — D

You say it's dif-f'rent now, and you keep star - ing at the door.
fun; what else _____ can I say?

G(add2) — D — Asus2/C# — Bm7

How can you walk _____ a - way? _____ Don't I mat - ter an - y -
If the feel - ing's gone, _____ words won't stop you an - y -

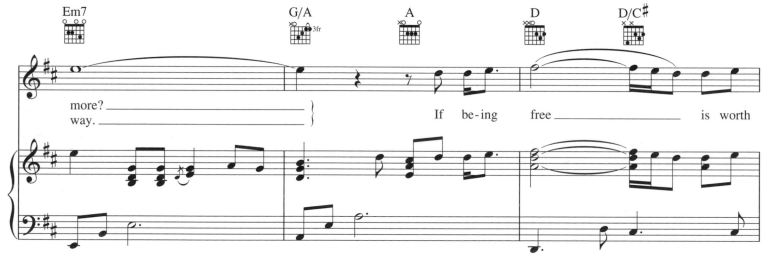

Em7 — G/A — A — D — D/C#

more? _____ If be - ing free _____ is worth
way. _____

Bm — Bm/A — G — Asus — A

what you leave be - hind _____ and if it's too

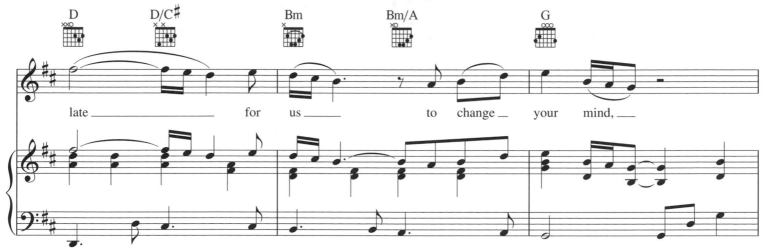

late _____ for us _____ to change ___ your mind, ___

then it's good-bye ___ time.

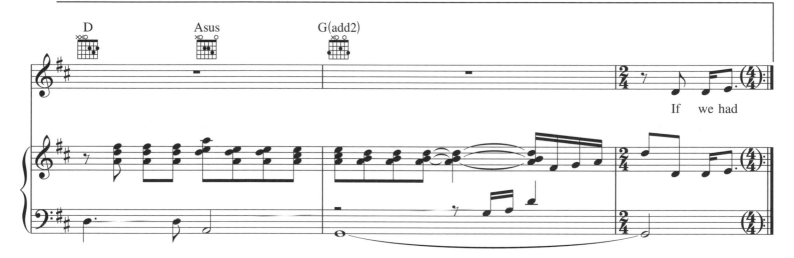

If we had

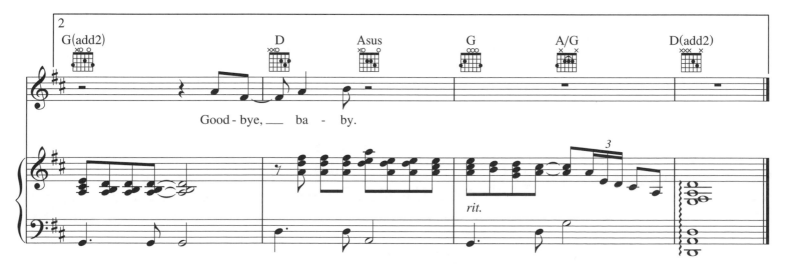

Good-bye, ___ ba - by.

FOOTLOOSE
Theme from the Paramount Motion Picture FOOTLOOSE

Words by DEAN PITCHFORD
Music by KENNY LOGGINS

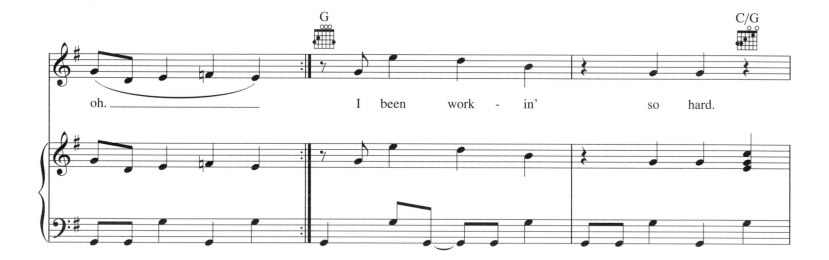

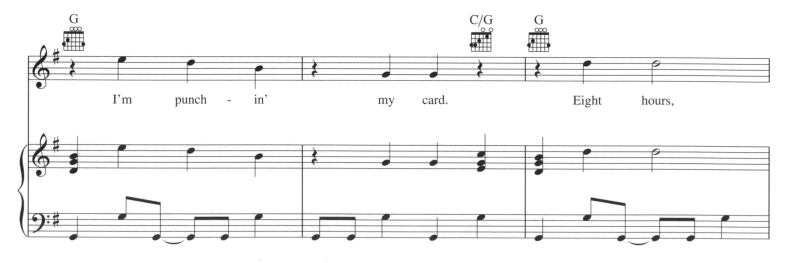

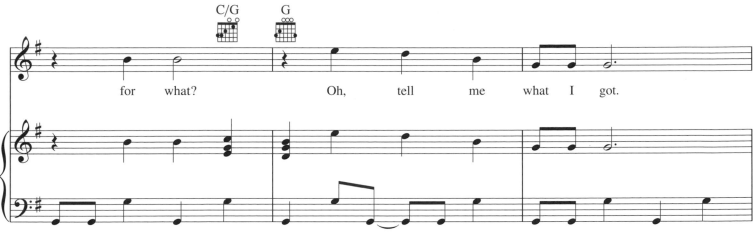

for what?   Oh,   tell   me   what   I   got.

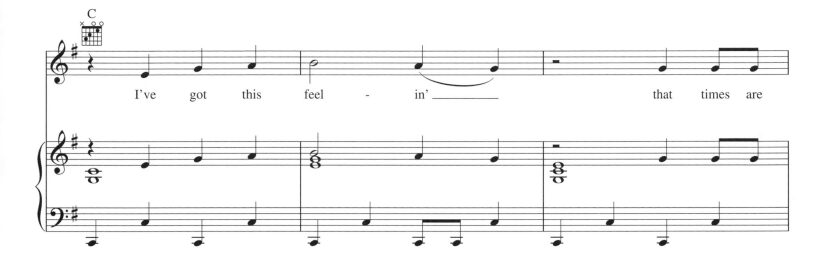

I've   got   this   feel - in' _____   that   times   are

hold - in'   me   down. _____

I'll   hit   the

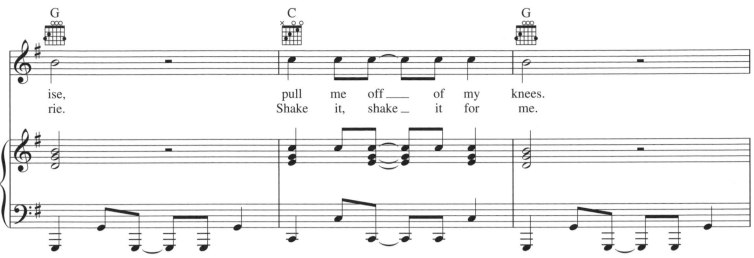

ise,
rie.

pull me off ___ of my knees.
Shake it, shake ___ it for me.

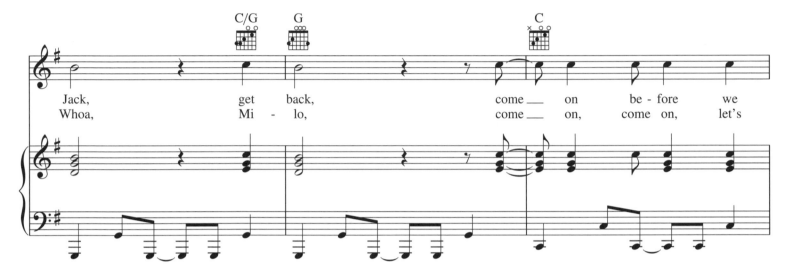

Jack, ___ get back, come ___ on be-fore we
Whoa, Mi-lo, come ___ on, come on, let's

crack.
go.

Lose your blues.

To Coda ⊕

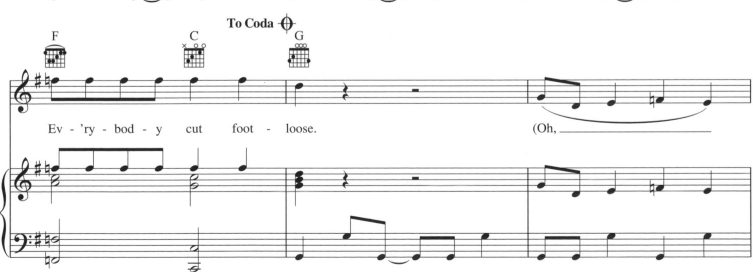

Ev-'ry-bod-y cut foot-loose.

(Oh, ___

oh.) _____ You're play - in'

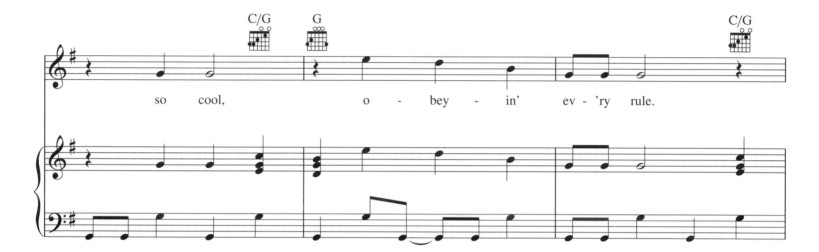

so cool, o - bey - in' ev -'ry rule.

Dig ___ way down in your heart; you're burn - in',

yearn - in' for some, some - bod - y to tell you _____

that life ain't a pass - in' you by. _____

I'm try'n' to tell you _____

it will if you don't e - ven try. _____

D.S. al Coda

N.C.

_____ You can fly ____ if you on - ly cut

Now I'll take a hold ___ of your soul. ___

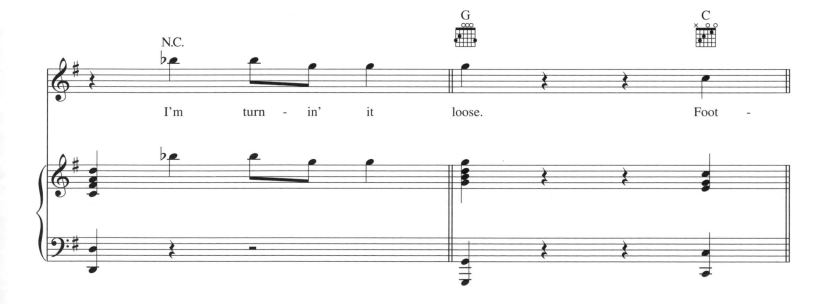

I'm turn - in' it loose. Foot -

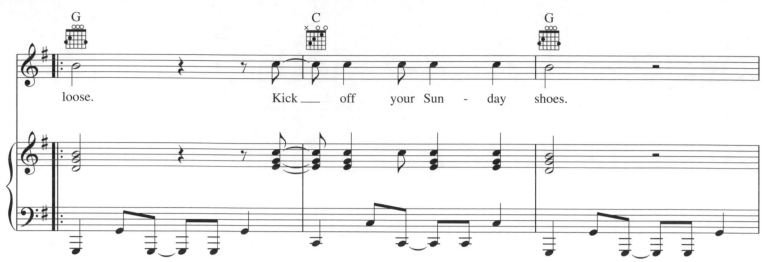

loose. Kick ___ off your Sun - day shoes.

Please, Lou - ise, pull me off ___ of my

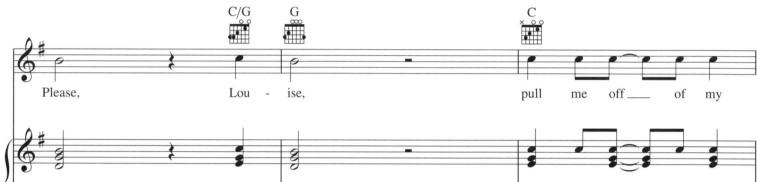

knees. Jack, get back, come ___

___ on be - fore we crack. Lose your

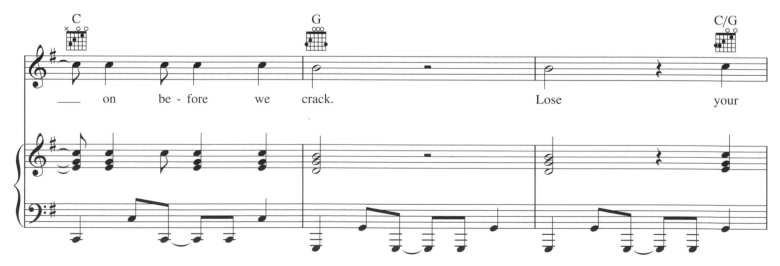

GOD GAVE ME YOU

Words and Music by
DAVE BARNES

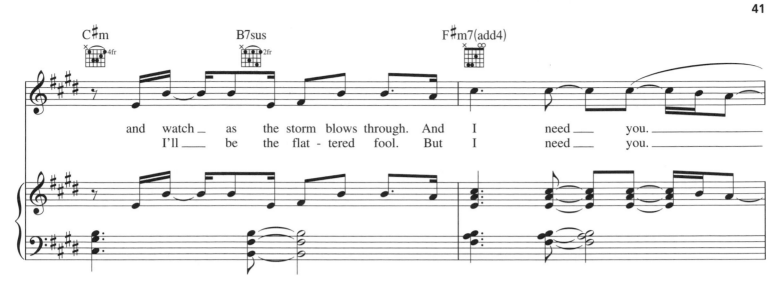

and watch __ as the storm blows through. And I need __ you. _____
I'll __ be the flat - tered fool. But I need __ you. _____

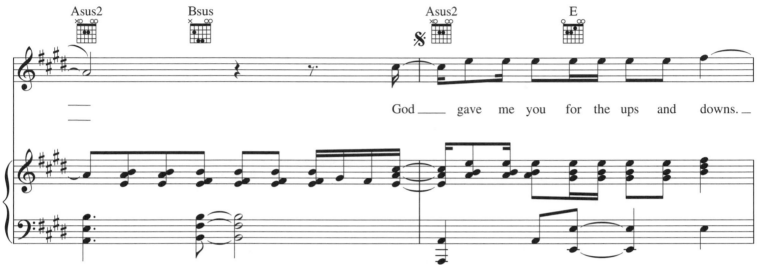

__ God __ gave me you for the ups and downs. __

__ God __ gave me you for the days of doubt. __

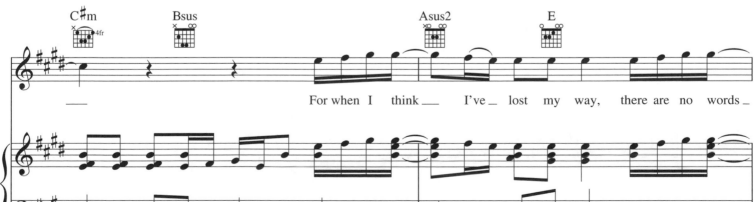

__ For when I think __ I've __ lost my way, there are no words __

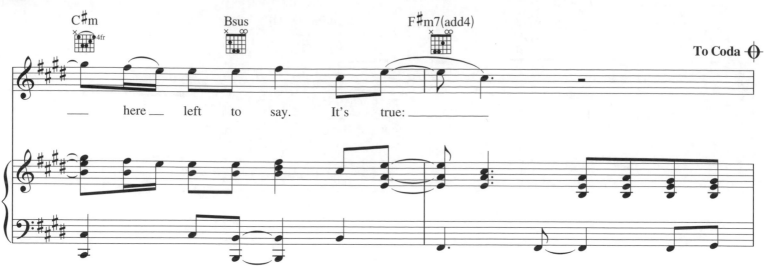

To Coda ⊕

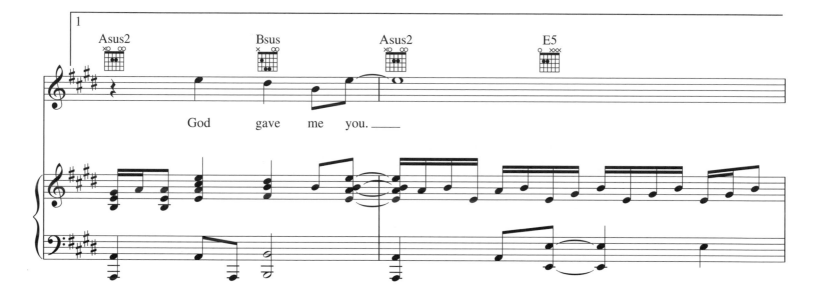

On my own, I'm on-ly half of what I could be. I

can't do with-out you.

We are stitched to-geth-er; and what love has teth-ered, I

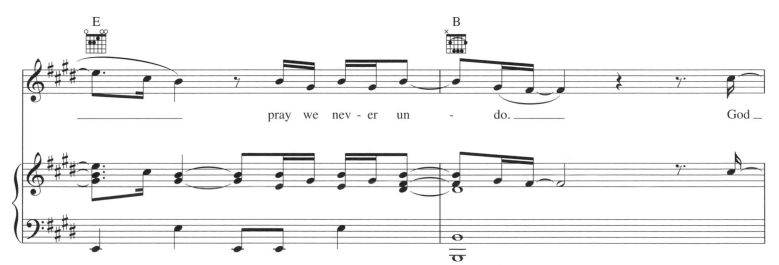

pray we nev-er un-do. God

gave __ me you. __

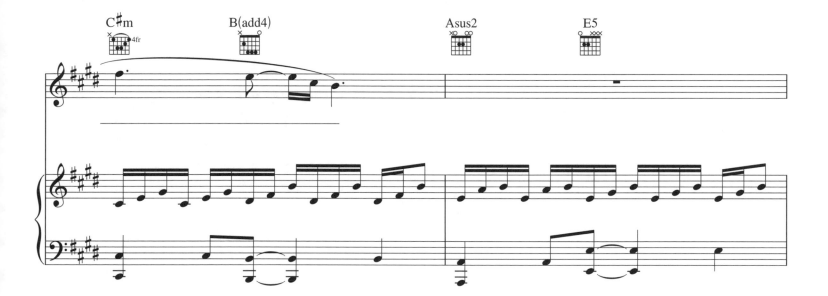

Repeat and Fade   **Optional Ending**

L.H.

HILLBILLY BONE

Words and Music by LUKE LAIRD
and CRAIG WISEMAN

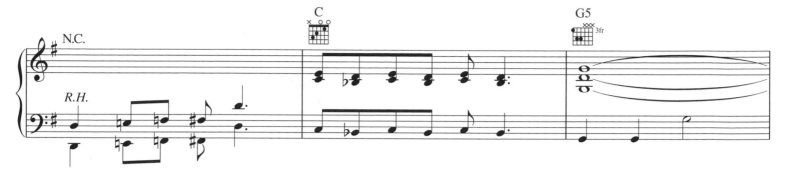

Yeah, __ I got a friend in New __ York Cit - y.

He's nev - er heard of Con - way Twit - ty. Don't know noth - in' 'bout

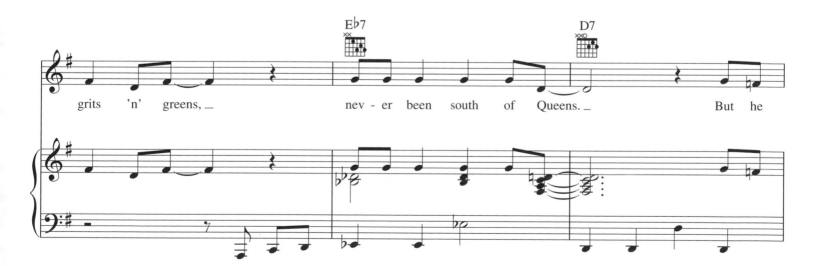

grits 'n' greens, __ nev - er been south of Queens. __ But he

flew down here on a bus'-ness trip.__ I took him hon-ky-tonk - in' and

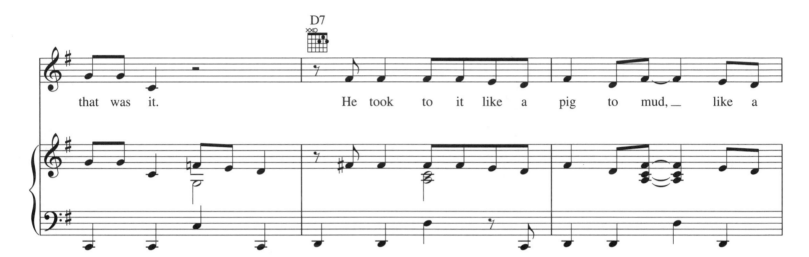

that was it. He took to it like a pig to mud,__ like a

cow to cud.__ We all got a hill-bil-ly bone down

deep in - side.__ No mat - ter where you're from, you just____ can't hide __ it. When the

band starts bang-in' and the fid-dle saws, you can't help a-hol-ler-in',

"Yee - haw!" When you see them pret-ty lit-tle coun-try queens, _ man, you

got-ta ad-mit ___ that it's in them genes. _ Ain't noth-in' wrong, just

To Coda ⊕

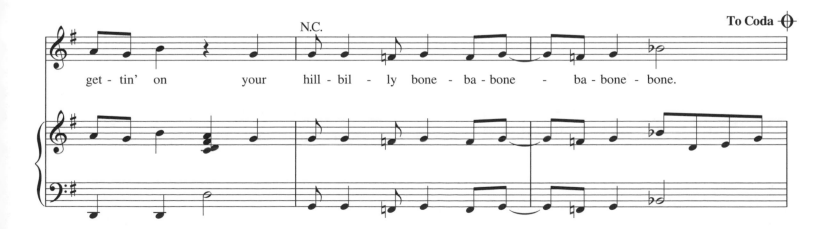

get-tin' on your hill-bil-ly bone - ba-bone - ba-bone-bone.

Nah, you ain't got - ta be born

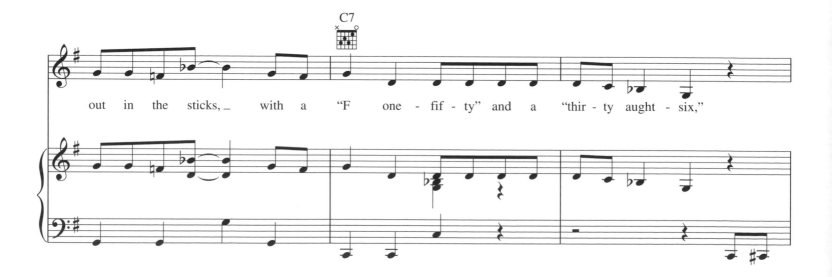

out in the sticks, ___ with a "F one - fif - ty" and a "thir - ty aught - six,"

or have a "bub-ba" in the fam-'ly tree ___ to get on down with me. ___

___ Yeah, bub-ba, all you need ___ is an o-pen mind. ___ If it

fires you up, ___ you got-ta let it shine. When it feels so right that it

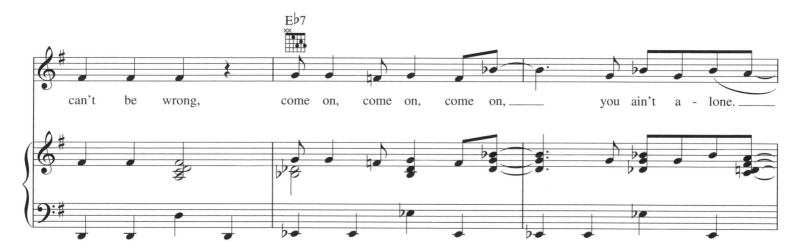

can't be wrong, come on, come on, come on, ___ you ain't a-lone. ___

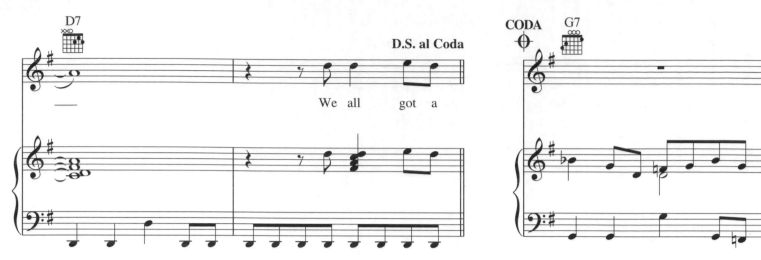

D.S. al Coda

We all got a

CODA

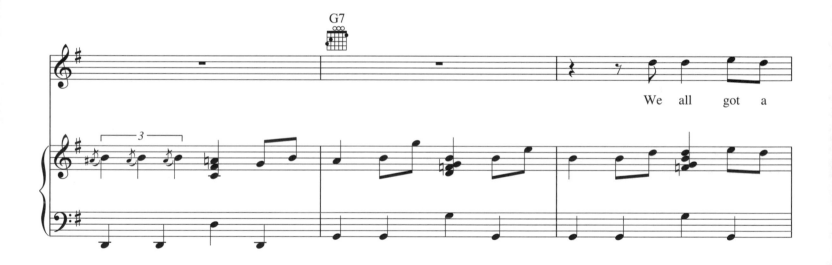

We all got a

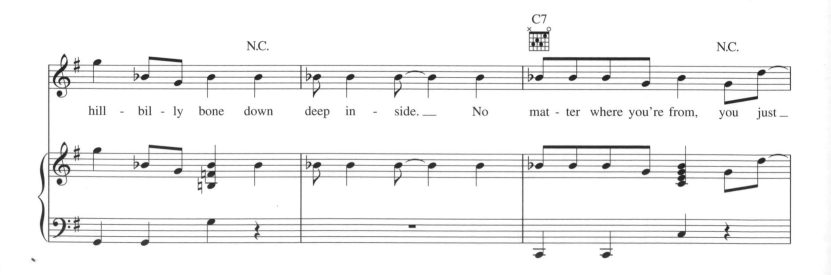

hill - bil - ly bone down deep in - side. __ No mat - ter where you're from, you just __

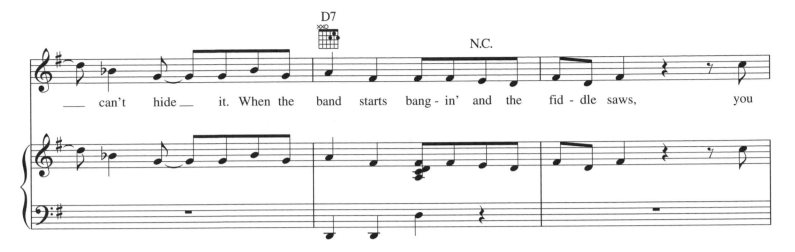

___ can't hide __ it. When the band starts bang - in' and the fid - dle saws,_ you

can't help but hol - ler - in', "Yee - haw!" When you see them pret - ty lit - tle

_coun - try queens, __ man, you got - ta ad - mit __ that it's in them genes. __ Ain't_

noth - in' wrong, just get - tin' on your hill - bil - ly bone - ba - bone -

ba - bone - bone, hill - bil - ly bone - ba - bone - ba - bone - bone,

hill - bil - ly bone - ba - bone - ba - bone - bone, hill - bil - ly bone - ba - bone -

ba - bone - bone.

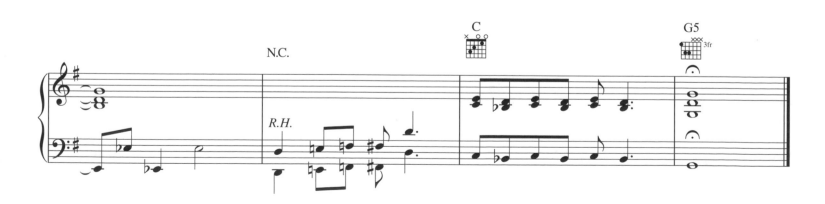

HONEY BEE

Words and Music by RHETT AKINS
and BEN HAYSLIP

Moderately

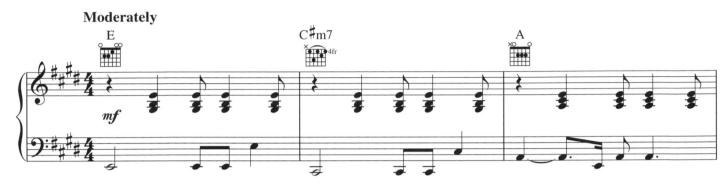

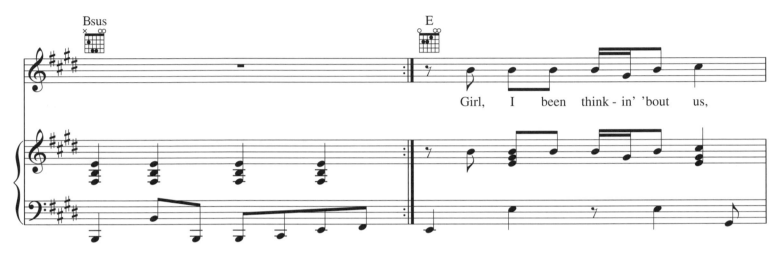

Girl, I been think-in' 'bout us,

and you know I ain't good at this stuff. But these feel-in's pil-in' up ___ won't

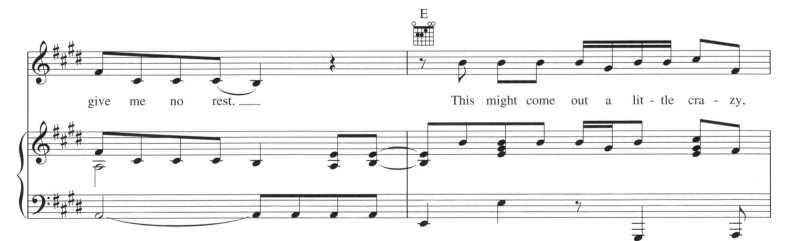

give me no rest. ___ This might come out a lit-tle cra-zy,

a lit-tle side-ways, __ yeah, may-be. I don't know how long it-'ll take me, but

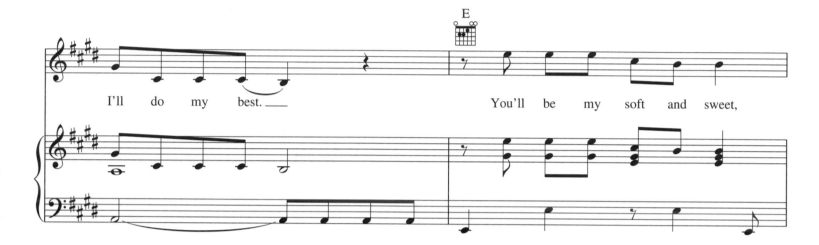

I'll do my best. __ You'll be my soft and sweet,

I'll be your strong and stead-y; __ you'll be my glass of wine,

I'll be your shot of whis-key. __ You'll be my sun-ny day,

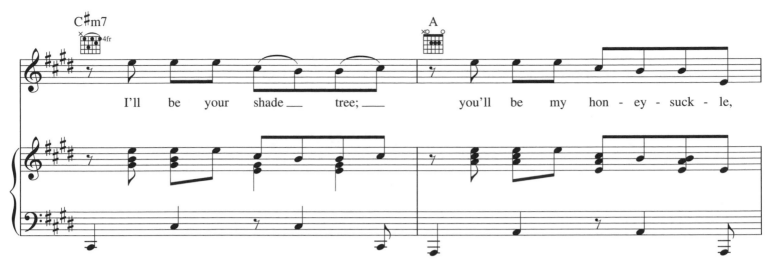

I'll be your shade ___ tree; ___ you'll be my hon-ey-suck-le,

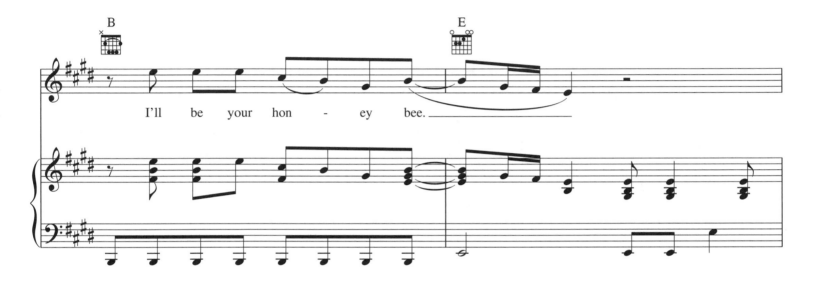

I'll be your hon - ey bee. ___

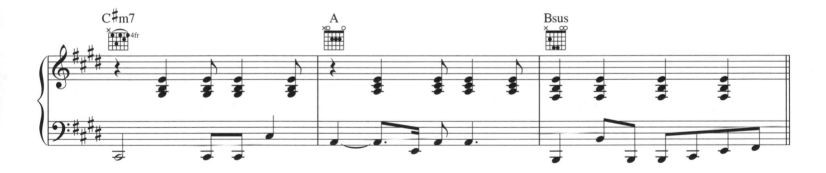

Yeah, that came out a lit-tle coun-try, but ev-'ry word was right ___ on the mon-ey.
Your kiss just said it all. I'm ___ glad we had ___ this ___ talk.

And I got you smil - in', hon - ey, right back at me. ___
Noth - in' left to do but fall in each oth - er's arms. ___

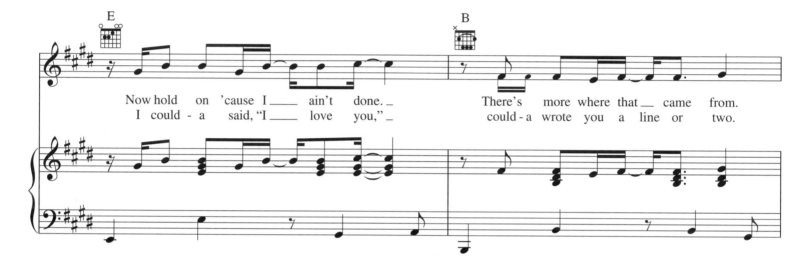

Now hold on 'cause I ___ ain't done. ___
I could - a said, "I ___ love you," ___

There's more where that ___ came from.
could - a wrote you a line or two.

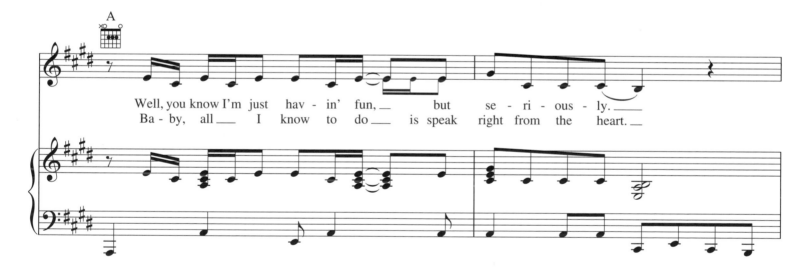

Well, you know I'm just hav - in' fun, ___ but se - ri - ous - ly. ___
Ba - by, all ___ I know to do ___ is speak right from the heart. ___

You'll be my Loui - si - an - a, I'll be your Mis - sis - sip - pi; ___
You'll be my soft and sweet, I'll be your strong and stead - y; ___

you'll be my lit - tle Lo - ret - ta, I'll be your Con - way Twit - ty.

you'll be my glass _ of wine, _ I'll be your shot of whis - key. _

You'll be my sug - ar, ba - by, I'll be your sweet iced tea; _ you'll be my hon - ey - suck - le,

You'll be my sun - ny day, I'll be your shade _ tree; _ you'll be my hon - ey - suck - le,

I'll be your hon - ey bee. _

D.S. al Coda

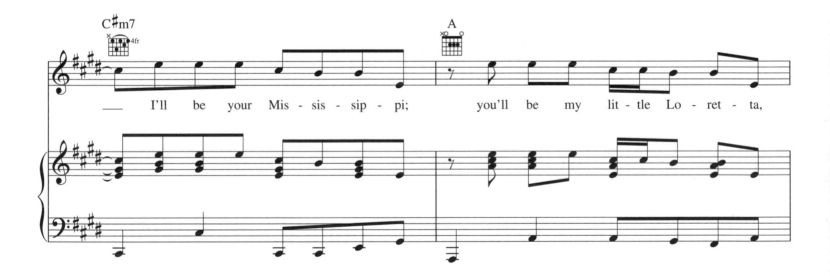

I'll be your hon - ey bee.___ You'll be my Loui - si - an - a,___

___ I'll be your Mis - sis - sip - pi; you'll be my lit - tle Lo - ret - ta,

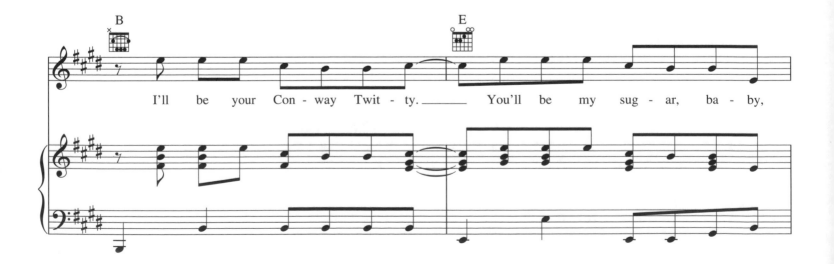

I'll be your Con - way Twit - ty.___ You'll be my sug - ar, ba - by,

I'll be your sweet iced tea; ___ you'll be my hon-ey-suck-le and I'll be your hon - ey bee. ___

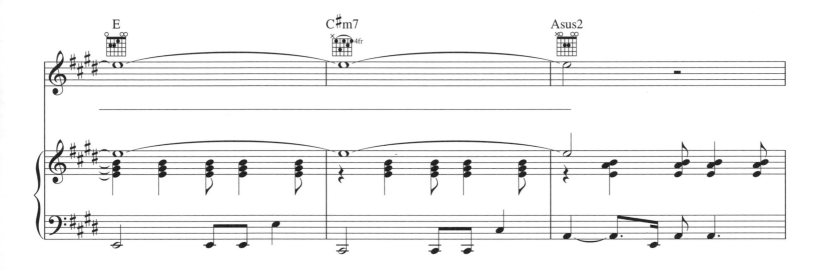

I'll be your hon - ey bee. ___

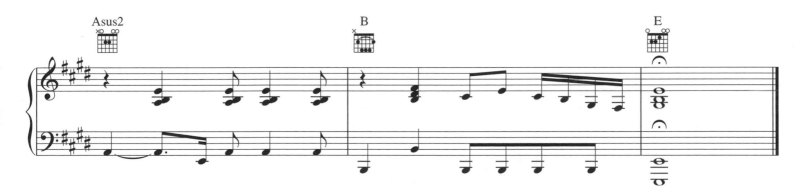

SOME BEACH

Words and Music by RORY LEE FEEK
and PAUL OVERSTREET

Moderately

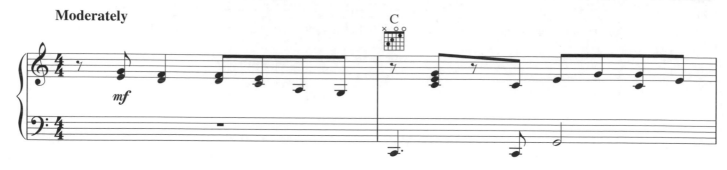

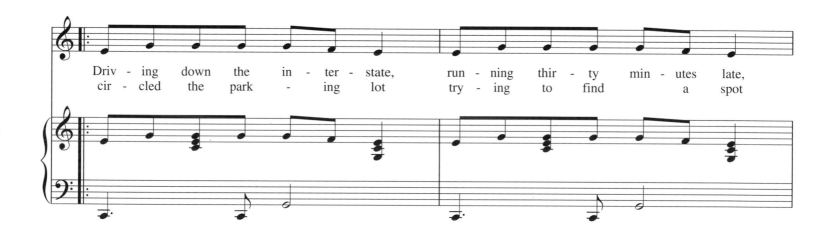

Driv - ing down the in - ter - state, run - ning thir - ty min - utes late,
cir - cled the park - ing lot try - ing to find a spot

sing - in' "Mar - ga - ri - ta - ville" and mind - ing my own. ___ Some
just big e - nough I could park my old truck. ___ A

for - eign - car - driv - in' dude with a road rage at - ti - tude
man with a big ___ ci - gar was get - ting in - to ___ his car.

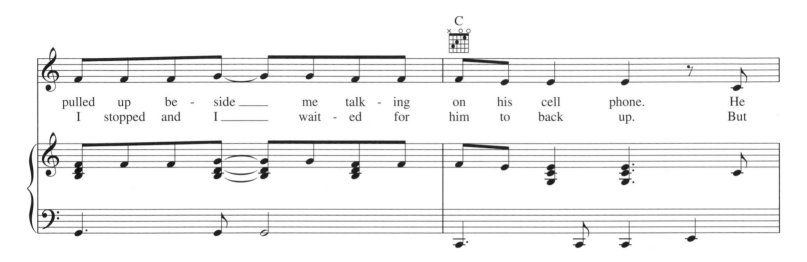

C

pulled up be - side ___ me talk - ing on his cell phone. He
I stopped and I ___ wait - ed for him to back up. But

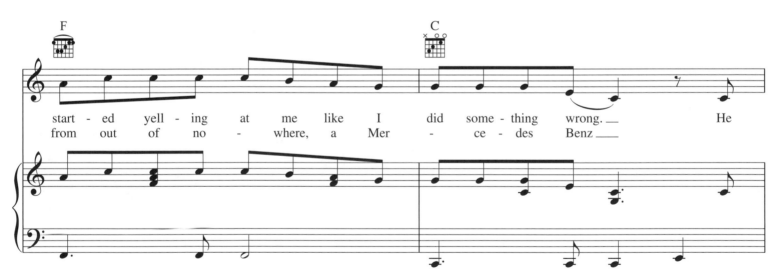

F   C

start - ed yell - ing at me like I did some - thing wrong. ___ He
from out of no - where, a Mer - ce - des Benz ___

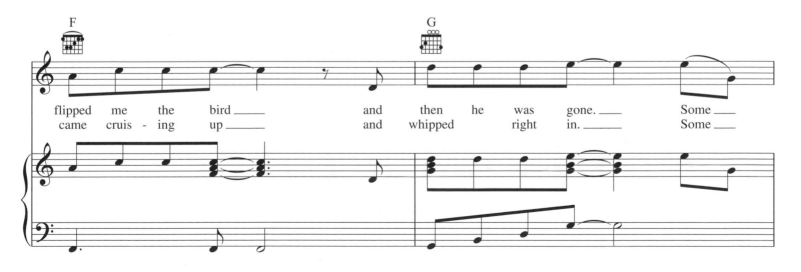

F   G

flipped me the bird ___ and then he was gone. ___ Some ___
came cruis - ing up ___ and whipped right in. ___ Some ___

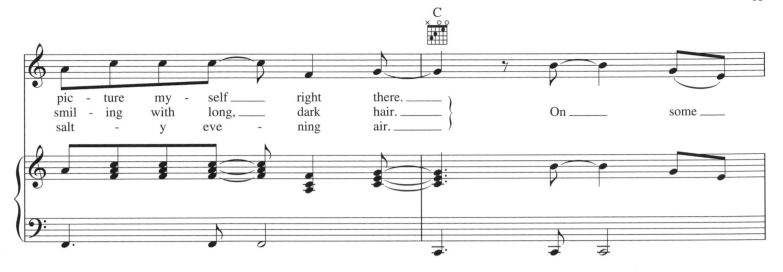

pic - ture my - self _____ right there. _____
smil - ing with long, _____ dark hair. _____ } On _____ some _____
salt - y eve - ning air. _____

beach   some - where. _____

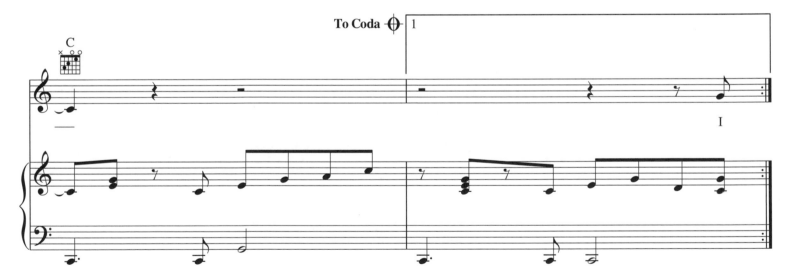

To Coda ⊕ | 1

I

| 2

I sat _____ in that wait - ing room _____ seemed _____

like all af - ter - noon. The nurse fin - 'lly said, ___ "Doc's

C · G

read - y for you. ___ You're not gon - na feel a thing. We'll

give you some No - vo - caine. That tooth - 'll be fine ___ in a min -

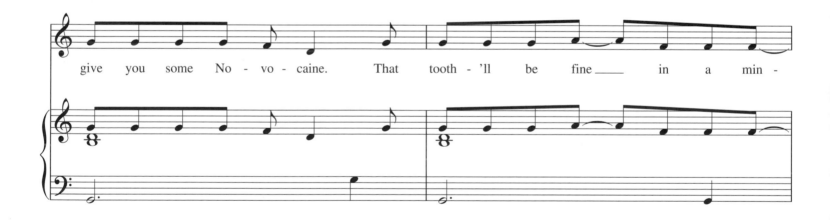

C · F

- ute or two." ___ Then he stuck that nee - dle down

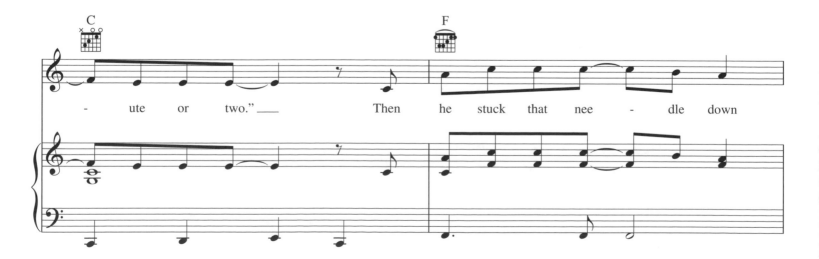

deep in my gum. ___ And he start-ed drill - ing be -

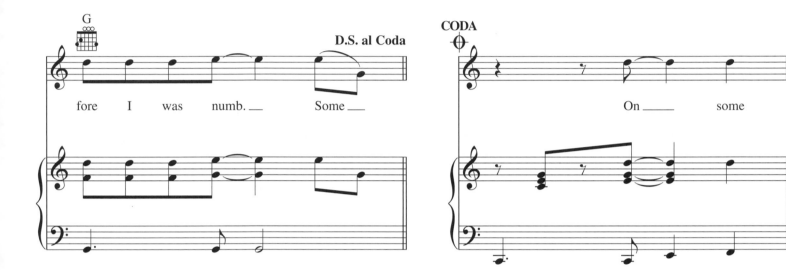

D.S. al Coda

CODA

fore I was numb. ___ Some ___

On ___ some

beach, _____ some - where. ___

WHO ARE YOU WHEN I'M NOT LOOKING

Words and Music by EARL "BUD" LEE
and JOHN WIGGINS

Moderately

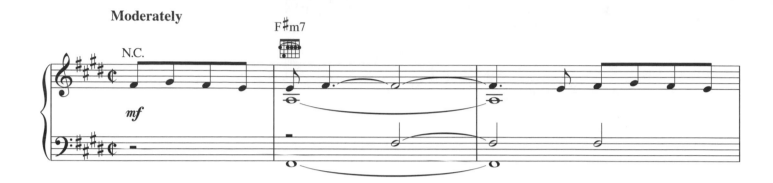

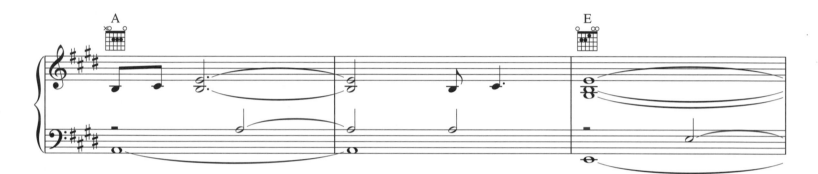

My oh my, ___ you're so ___ good look-in'. ___
you break things ___ when you ___ get mad? ___

Hold your-self to-geth - er like a pair of book - ends. _____
Eat a box of choc - 'lates 'cause you're feel - in' bad? _____

But I've _____ not tast - ed all _____
Do you paint your toes 'cause you

_____ your cook - in'. _____
bite your nails? _____

Who are you _____ when I'm _____ not look - in'? _____
Call up ma - ma when all _____ else fails? _____

then sink to your nose in a bub - ble bath? __
And when it feels just __ right, are you think - in' of me?

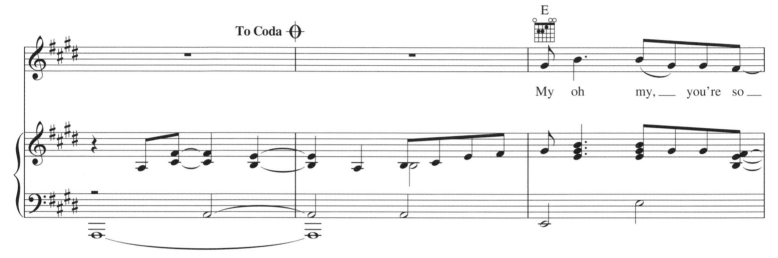

To Coda ⊕

My oh my, __ you're so __

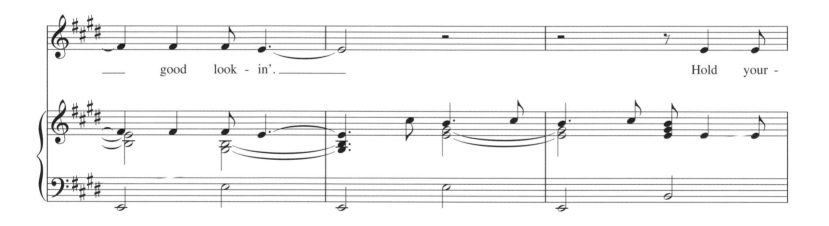

__ good look - in'. _____ Hold your -

self to - geth - er like a pair of book - ends. _____

But I've ___ not tast-ed all ___ your cook-in'. ___

Who are you ___ when I'm ___ not look-in'? ___

I ___ wan-na know, I ___ wan-na know, ___

I ___ wan-na know. ___

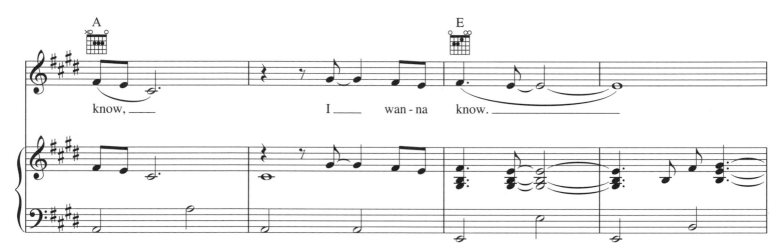

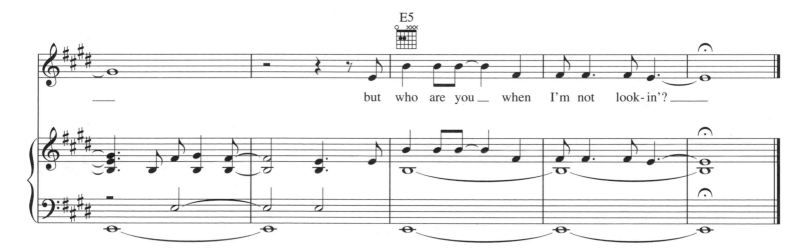

NOBODY BUT ME

Words and Music by SHAWN CAMP
and PHILLIP WHITE

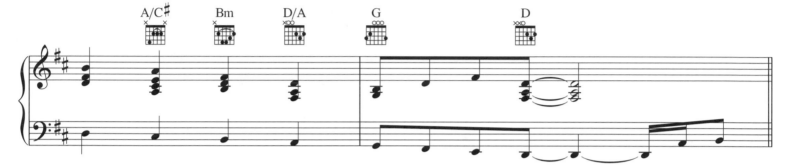

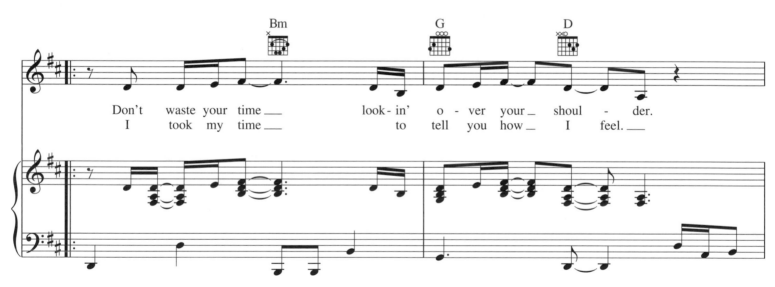

Don't waste your time ___ look-in' o-ver your ___ shoul - der.
I took my time ___ to tell you how ___ I feel. ___

Those loves ___ from the past ___ ain't a - get-tin' no ___ clos - er.
Just be-cause I took so long, don't ___ mean that it is - n't real. ___

When I look in my fu - ture, you're all I can see. ___ } So, hon - ey,
Now, I ain't got ___ no dia - mond, but I'm down on my knees. ___

don't ___ go lov - in' on no - bod - y but me. ___

No - bod - y but me gon - na love you like ___ you ought ___ to be loved on.

No - bod - y but me gon - na cry if you up and leave. ___